SYMPHONIES-VOCALES

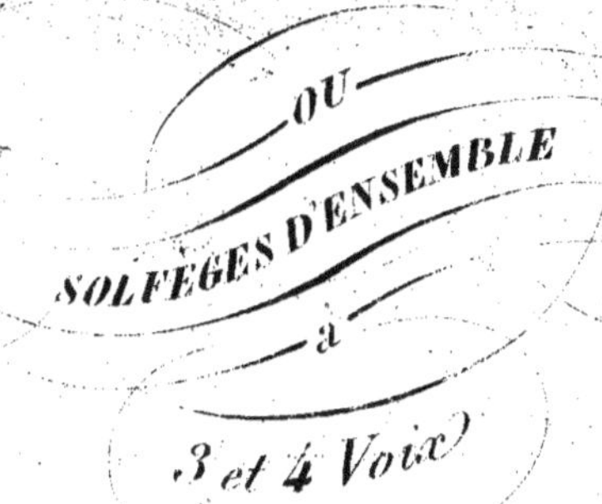

Conserver la couverture

A.H. CHELARD

Partie
P.

GUIDO D'AREZZO
UT QUEANT LAXIS RESONARE FIBRIS

A SON ALTESSE ROYALE
MADAME LA GRANDE DUCHESSE REGNANTE DE SAXE
PRINCESSE DES PAYS BAS.
VIGILANDO ASCENDIMVS

SYMPHONIES VOCALES
OU
SOLFÈGES D'ENSEMBLE
A 3 ET 4 VOIX
avec accompagnement de Piano
PAR
A. H. CHELARD
Maître de Chapelle de S.A.R. le Grand Duc de Saxe
Maître de Chapelle Titulaire de S.M. le Roi de Bavière
et Correspondant de l'Institut Impérial de France.

COMPLET, PRIX: 40 F.

1ère Partie
à 3 voix,
PRIX: 25 Fos

2ème Partie
à 4 voix,
PRIX: 30 Fos

1ère Partie
En petit format sans Accomp.!
Chaque partie separée.
PRIX:

2ème Partie
En petit format sans Accomp.,
Chaque partie separée.
PRIX:

PARIS chez HENRY LEMOINE Editeur, 256 Rue St Honoré.
A. BARBIZET lith.
4136-37.
Imprimerie de Mt S. Simon 12 rue des Poulies Paris.
1856

AVANT-PROPOS.

La présente publication, tout en apportant à cet ouvrage de notables modifications de détail, entre autres une augmentation de seize compositions nouvelles, ne change rien à sa spécialité ni à sa destination première.

Outre un certain nombre de gammes, d'exercices, d'études et de chorals servant d'introduction, il se compose de trente symphonies vocales ou morceaux de chant sans paroles de différents styles, conçus dans le double but de former au chant en parties et en même temps de préparer à l'exécution des œuvres des maîtres par une imitation libre des principaux genres de musique ancienne et moderne.

Destiné spécialement à l'étude du solfége à trois et quatre voix, en partie simple ou en chœur, avec ou sans accompagnement de piano, *ad libitum*, il rentre dans la classe des ouvrages élémentaires, mais ne constitue pas par lui-même une méthode, et n'est affecté à aucune en particulier. Loin de là, il est offert à toutes comme un auxiliaire purement pratique, comme un élément de variété propre à s'assimiler à tous les modes d'enseignement. Le degré d'avancement auquel il se rapporte implique comme nécessairement acquises les notions techniques inhérentes à l'étude du solfége à une et deux voix, par laquelle il a fallu préalablement passer. Ces notions, que l'on désigne généralement sous le nom de principes, toujours les mêmes quel que soit le nombre des parties, n'eussent présenté qu'une redite au moins inutile dans un ouvrage consacré à des élèves trop avancés pour les ignorer : on les a supprimées.

Chaque maître d'ailleurs les expose à sa manière. En adopter une, c'eût été se mettre en opposition avec les autres et faire infraction au but avoué de l'ouvrage.

On les trouvera au besoin dans les solféges à une et deux voix de MM. Henry Lemoine et Gustave Carulli, dont par la présente publication celui-ci devient une annexe complémentaire.

Tenu ainsi à distance de tous les systèmes, il n'a de méthodique qu'une certaine progression dans les difficultés et un certain ordre dans la succession des genres, qui, du reste, y sont tous admis, depuis les plus graves jusqu'aux plus légers : spécialité qui se trouve encore fortifiée par l'adjonction de nouveaux morceaux en rapport avec le progrès, ou, si l'on aime mieux, avec le mouvement. Cette édition, la troisième depuis 1821, paraît à la fois en deux formats, savoir : en grand, la partition vocale avec accompagnement de piano, et en petit, les parties de chant séparées, division qui permet de se procurer autant de parties qu'il en faut dans les réunions nombreuses, sans pour cela être obligé d'avoir d'autre partition que celle qui sert à la direction.

Quant aux leçons particulières, l'accompagnement de piano qui se trouve dans l'édition grand format permet de compléter l'harmonie des voix et dès lors de s'en servir comme de tout autre solfége.

En effet, sa destination au chant d'ensemble n'est pas tellement absolue qu'elle soit de nature à le faire exclure de l'enseignement du chant à une voix; au contraire, rien de plus rationnel que de faire lire et étudier d'abord isolément à chacun sa partie et à certains jours de réunir plusieurs élèves en nombre suffisant pour arriver à l'exécution d'ensemble. Bien plus, il résulte de là un mode d'enseignement qui, en réunissant les avantages de l'éducation individuelle à ceux de l'éducation collective, donne lieu à une variété et à une émulation très-propices aux études.

L'emploi des clefs s'y trouve réduit à celles de *sol* sur la seconde ligne, et de *fa* sur la quatrième, les deux seules qui aient cours dans les éditions actuelles.

Toutefois, dans l'intérêt des personnes qui veulent pousser leurs études jusqu'à la transposition et à la lecture de la partition, dans les dernières leçons, les quatre parties sont écrites avec leurs clefs respectives. Car il ne faut pas perdre de vue que les clefs n'ont pas seulement pour objet de fixer la position des notes sur les lignes de la portée, mais aussi qu'elles précisent au premier coup d'œil le genre des voix et leur degré d'élévation ou d'abaissement dans l'échelle générale des sons.

Ce signe est d'une trop grande importance en musique pour le laisser disparaître des études, et conséquemment d'un ouvrage destiné à un enseignement sérieux.

En tête d'une série de morceaux faits pour être solfiés, c'est-à-dire chantés en prononçant les noms des sons d'après leurs signes représentatifs, quelques éclaircissements relatifs à l'origine de ces noms et de ces signes, qui ont résisté jusqu'à ce jour aux tentatives de tous les novateurs, viennent se placer d'eux-mêmes. Ils en sont le préambule obligé, et font à ce titre le sujet de l'introduction qui suit, sauf observation toutefois que, dégagés de toute prétention à la science, ils n'y sont traités que très-succinctement, et s'y trouvent réduits au strict nécessaire des connaissances générales qui ont rapport au genre d'étude auquel cet ouvrage est consacré.

INTRODUCTION.

Le son, besoin et plaisir de l'oreille, est né avec l'homme, et, comme lui, s'est perfectionné avec le temps.

Effet accidentel et passager de l'air mis en vibration par l'ébranlement de certains corps sonores, il se présente à l'ouïe sous une grande variété de nuances de résonnance.

Chacune de ces nuances, distincte et appréciable, prend le nom de *son*, et l'on dit en général les *sons*, quoiqu'à bien prendre ils ne soient tous que les diverses modifications d'une seule et même sensation. Le charme physique qui leur est inhérent, à ceux surtout qui proviennent des voix humaines et des instruments; leur affinité morale avec les personnes, les choses et les lieux; leur identité avec les idées et les sentiments qu'ils ont le don d'éveiller et de surexciter; la propriété qu'ils ont de se combiner à l'infini, de suite et à la fois, en font un plaisir toujours recherché, toujours nouveau, qui accompagne l'homme dans chaque instant de la vie et qui s'associe à toutes ses émotions.

Entre tous les sons on a fait choix de ceux qui présentent les conditions les plus satisfaisantes d'audition et d'association. On a précisé l'individualité de chacun d'eux, fixé leur nombre, mesuré leur différence, déterminé leurs rapports; on les a classés, nommés, représentés de manière à les reconnaître, à les désigner et à les reproduire à volonté; des règles ont appris à en former d'agréables et savantes combinaisons; enfin, ils sont devenus l'élément constitutif de l'un des beaux-arts, la musique, *l'art des beaux sons bien combinés.*

Mais, pour parvenir de l'état de nature au point de perfection voulu pour l'accomplissement de cette mission, ils ont eu à suivre un long parcours d'essais, d'améliorations de toute espèce, ils ont eu à subir l'action de quantité de systèmes différents.

Avant tout, il a fallu les dégager des aspérités d'une sonorité primitive et inculte, pour leur donner la beauté, la régularité, et tous les avantages d'une sonorité attrayante et artistique;

Ensuite assigner à chacun isolément son ton, son intonation, c'est-à-dire un degré fixe de gravité, ou, si l'on aime mieux, un degré arrêté d'élévation ou d'abaissement de résonnance qui lui soit propre.

Mais cette répartition, il a fallu la faire dans une telle mesure, que, tout en assignant à chacun des proportions qui le distinguent, on ne l'isole pas au point de le rendre étranger aux autres; que tout au contraire, il s'établisse corrélation entre eux et que de cette corrélation se dégage le principe d'association qui les rend aptes à se combiner. Pour cela il a fallu pour ainsi dire les mettre tous en regard, les comparer, et, par suite de cette comparaison, arriver à reconnaître ceux qui par leur similitude tendent à se confondre, ceux qui par analogie semblent s'attirer, ceux enfin qui, dans un désaccord formel, se repoussent réciproquement; puis, en raison de plus ou moins d'action de l'une ou l'autre de ces tendances, les classer par catégories, les soumettre dans chaque catégorie à des échelles de proportion et, de l'ensemble de ces catégories et de ces échelles, construire un système complet de tonalité qui comprenne sans exception toutes les nuances appréciables, toutes les modifications de gravité propres à la musique.

Un tel résultat ne pouvait être le produit que du temps, de l'expérience et du concours de toutes les générations. Aussi toutes, attirées vers le même but par le même attrait, ont-elles apporté à l'œuvre chacune son contingent de découvertes, de progrès, de systèmes et de modes de classification.

Sans parler des peuples non civilisés qui dans aucun temps ni dans aucun pays n'ont eu et ne sauraient avoir de tonalité arrêtée, non plus que des anciens, dont les systèmes ne nous sont point assez connus, c'est aux Grecs que revient l'honneur d'avoir été sinon les inventeurs, du moins les régulateurs de la tonalité.

Avec cette finesse d'organes, ce sentiment du beau, cet admirable instinct du vrai qui les ont rendus maîtres des secrets artistiques de la nature, ils ont donné à la sonorité toutes les perfections désirables, à la gravité toutes les proportions qui distinguent et unissent les sons.

Ils ont fait du son comparé à lui-même l'unisson; du quart et du huitième de ton le comma majeur, et le comma mineur, et de cette différence de gravité, la plus petite de celles qui sont appréciables à l'oreille, ils ont formé le genre enharmonique; du demi-ton, ils ont formé le genre chromatique dont le nom vient du mot *chrôma* ou couleur, parce que les caractères de ce genre étaient colorés en rouge à peu près comme les touches du piano le sont en noir; du ton plein, le diatonique. A partir de là, sortant de la série des degrés pour entrer dans celle des intervalles, ils ont fait de la seconde, tant majeure que mineure, le principe rudimentaire de toutes les successions de sons; de la tierce, celui de toutes les relations harmoniques, et de la quarte juste, le premier temps d'arrêt donné par la nature, césure primitive indiquée par l'oreille.

Sous le nom de tétracorde, ils ont réuni ces quatre degrés en un seul système, qu'ils ont appelé ton ou mode. Et, en effet, ces quatre premiers degrés de l'échelle naturelle présentent les conditions de nombre, de proportion et de rapport propres à former non-seulement un système partiel, mais à devenir base d'un système général. Pour point de départ, la tonique qui détermine le ton, la seconde qui détermine le genre, la tierce qui détermine le mode, et pour extrême la quarte juste, qui, après une succession de deux tons et demi, la plus sympathique de toutes, repose l'oreille et forme résolution de sens musical par la chute ou cadence du demi-ton. Cela est si vrai, que cette combinaison est restée comme partie intégrante dans la tonalité moderne. Ainsi notre gamme n'est qu'un composé de deux tétracordes semblables, séparés par un degré, et nos cadences plagale et authentique ne sont autres que des tétracordes sous-entendus.

Les Grecs construisaient à volonté des tétracordes sur chaque son; tous égaux sous le rapport du nombre, ces tétracordes variaient par leur élévation, qui dépendait de leur tonique, et par la place des tons et du demi-ton. Le mode, pris dans une autre acception que celle que nous lui donnons, réglait ces conditions. Les modes se distinguaient entre eux par des adjectifs qualificatifs de pays, probablement de ceux où ils avaient pris naissance. Ainsi l'on disait le mode lydien, le mode phrygien, le dorien, etc. A ces modes fondamentaux on ajoutait des annexes avec les prépositions hyper, mixo, hypo, et l'on disait hyperlydien, hypophrygien, mixodorien, selon qu'ils se construisaient au-dessus et au-dessous des premiers.

De même que dans notre système, l'intervalle, si antipathique à l'oreille, de trois sons pleins nommé triton, n'était qu'une combinaison passagère qui appelait sa résolution immédiate sur un tétracorde de quarte juste. Et aussi les genres chromatique et enharmonique ne se présentaient qu'accidentellement et comme division et subdivision du genre diatonique.

Les tétracordes se joignaient, se disjoignaient; on les ajoutait les uns aux autres, en haut et en bas, et l'on parcourait ainsi dans toute son étendue l'échelle toujours croissante des sons, laquelle, partie du faible nombre de quatre, atteignit successivement celui de huit, puis de seize, de vingt-quatre, et arriva jusqu'à quatre-vingt-seize, total donné par la réunion des sons et des instruments antiques.

Tel est le mécanisme ingénieux à l'aide duquel les Grecs étaient parvenus à classer les sons sous le point de vue de leur gravité isolée et comparée. Ce mode de classification, révélé par la nature et par le génie à cette nation privilégiée, accepté par les Romains avec peu de modifications, est aussi le fondement de notre système moderne, malgré l'accroissement en nombre et en complication de notre tonalité ; accroissement qui s'est formé à la longue, par suite de ce besoin incessant d'innovation qui est inhérent au goût musical ; par suite également du perfectionnement continu des organes qui, à chaque progrès, ont de nouvelles exigences ; par suite enfin de la nature même des sons, qui, variables et divisibles comme l'air dont ils sont le produit, tendent sans cesse à se multiplier ou, pour mieux dire, à se subdiviser.

Aussi le tétracorde ne resta-t-il pas longtemps seul principe élémentaire de la tonalité. Bientôt on lui adjoignit, à un ton de distance, un nouveau degré qui constitua un système de cinq sons. Renfermé dans l'intervalle de quinte juste de trois tons et demi, ce système prit le nom de pentacorde, augmenta le nombre des combinaisons, mais surtout donna naissance à une nouvelle terminaison qui prit le nom de cadence parfaite, lorsque la quinte faisait sa résolution sur la tonique. La succession des sons s'arrêtait-elle à cette quinte, il n'y avait que repos ou temps d'arrêt. A cause de son influence, ce degré prit le nom de dominante, et cela à juste titre ; car, de l'action de la tonique sur la dominante, et de la réaction de cette dernière sur la tonique naissent le repos et la cadence, principes de la phrase musicale.

Au pentacorde on ne tarda pas à ajouter encore un degré à distance d'un ton, et sous le nom d'hexacorde on forma un nouveau système de six sons présentant successivement l'intervalle de sixte majeure de quatre tons et demi, ou de sixte mineure de trois tons et demi. Ce système devint le point de départ d'une ère nouvelle dans la tonalité. Aux modes antiques on substitua les huit tons de l'église divisés en quatre authentiques et en quatre plagaux ; les deux cadences se trouvèrent en présence, les combinaisons de sons se compliquèrent en raison du nombre ; mais surtout les tierces conjointes et disjointes, devenues divisions harmoniques de la quinte et de la sixte, firent pressentir le rôle qu'elles étaient appelées à jouer bientôt dans la formation des accords, jusqu'alors seulement en germe dans une tonalité incomplète.

Le caractère vague de l'hexacorde fit chercher le moyen de lui en donner un plus accusé, et pour cela on lui ajouta un nouveau son aigu à distance d'un ton qui forma avec lui la tonique septième majeure de cinq tons et demi. Ce système prit le nom d'heptacorde ; mais la dureté de ce son, en désaccord avec tous les autres (particularité qui lui fit donner le nom de tensible), et la nécessité où l'on était de l'altérer pour le rendre viable ne permirent de le considérer que comme un degré de transition destiné à être résolu sur le son le plus rapproché. Ce son, cette fois à distance d'un simple demi-ton, fut reconnu pour être la répétition aiguë de la tonique dont il prit le nom. Dès lors le système des huit sons diatoniques de l'octave fut trouvé, et la tonalité accomplie. Formé de la fusion de tous les systèmes précédents, celui de l'octacorde ou octave en réunit tous les avantages sans en partager les inconvénients. En effet, son échelle, embrassant les huit sons naturels diatoniques jusqu'alors fractionnés, réunit toutes les conditions voulues en un seul système complet et définitif. Deux extrêmes d'une identité parfaite, six intermédiaires corrélatifs présentant, à compter du point de départ, la tonique, une succession de cinq tons et deux demi régulièrement distancés, coupés en deux parties égales terminées chacune par un temps d'arrêt : le ton déterminé par la tonique ; le genre par la seconde ; le mode par la tierce, le repos ou cadence de plagale par la quarte juste, le repos ou cadence de dominante par la quinte juste ; le mode confirmé par la sixte, l'élément discordant donné par la sensible et la solution finale par l'octave.

Tels sont les avantages réunis qui font de l'octave ou l'octacorde la formule la plus parfaite du principe de la tonalité. Par ce système, à l'aide de nos trente tons et de leurs trente gammes diatoniques, majeures et mineures, divisées et subdivisées par les genres chromatique et enharmonique, il n'est pas un son dans la nature qui ne trouve sa place dans la musique.

D'après l'importance de la gravité dans les sons, on comprendra que ce soit des modifications dont elle est susceptible qu'ils ont reçu leurs noms et leurs signes représentatifs. On comprendra également comme quoi ces noms et ces signes ont dû varier en raison des modes de classification auxquels ont été soumis les sons dont ils sont l'expression intelligente et visible.

Les Grecs appliquèrent à la musique les lettres de leur alphabet, et donnèrent à chaque son le nom de la lettre qui le représentait. On retrouve des traces de cette nomenclature dans la nôtre. Ainsi le mot gamme vient évidemment de *gamma*, troisième lettre de leur alphabet affectée au son qui correspond à notre *ut*. Aux lettres grecques, les Romains substituèrent les latines, et l'usage s'en est maintenu pendant les premiers siècles du christianisme ; plusieurs nations s'en servent encore, notamment les Allemands, l'une des plus musiciennes, en les soumettant toutefois à une grande réduction ; car le mode d'indication des anciens ne s'élevait pas à moins de mille six cent vingt signes dont la simple connaissance exigeait trois ans d'étude : labeur pénible, peu en rapport avec l'objet de la musique moderne. Aux lettres succédèrent les chiffres, aux chiffres les couleurs, aux couleurs les points, première manifestation d'un système nouveau destiné à un long avenir. En effet les points ont donné leur nom à un genre de composition resté de nos jours la base des études sérieuses, le contre-point, ainsi nommé parce qu'il consistait à mettre d'après certaines règles très-sévères des points contre des points, c'est-à-dire à trouver au-dessus et au-dessous d'un plain-chant donné des parties qui fissent harmonie plaquée ou figurée en imitation avec lui et entre elles. Sauf les points remplacés par les notes, ce genre de composition est encore le même.

Quant au plain-chant, qui en est la base, tout le monde sait qu'il s'est formé des débris de la musique grecque recueillis et régularisés au quatrième siècle par saint Ambroise, puis complétés et perfectionnés au sixième par le pape Grégoire le Grand.

Il consiste en une succession de sons lents et soutenus appliqués aux paroles des hymnes saintes. Espèce de déclamation chantée soumise à la tonalité ancienne, son effet est noble et mélancolique, mais il se présente à nous moins comme mélodie que comme une psalmodie, qui n'a d'accent ni de mesure que la prosodie et la quantité des paroles auxquelles il s'adapte.

La mélodie, entendue dans le sens actuel, ne s'est dégagée qu'à la longue du joug de la syllabe, et s'est formée, il y a peu de siècles, de l'alliance de la tonalité moderne au rhythme et à la mesure.

Cependant l'invention de l'orgue et d'une multitude d'instruments nouveaux, leur réunion aux voix, la création de la partition, la quantité toujours croissante des sons et de leurs combinaisons, la rapidité et la complication de l'exécution, tout enfin faisait sentir l'urgence *irrémissible* d'un mode d'indication en rapport avec l'état de l'art, et la notation fut trouvée...

La notation, véritable écriture de la musique parce que, née avec la tonalité moderne, elle lui est devenue identique ; parce que, composée de notes, caractères tout spéciaux, étrangers à toute autre idée que celle qui se rattache au son pur et simple, elle ne donne lieu à aucune réflexion, à aucune comparaison, à aucun calcul qui en complique l'intelligence et en ralentisse la reproduction, ainsi que cela est inévitable dans l'emploi des signes d'emprunt tels que les lettres et les chiffres : la notation enfin montant et descendant avec l'intonation qu'elle indique, sensible et rapide à l'œil comme le son à l'oreille.

Par elle, la musique est devenue un art véritable ; car un art n'est constitué que quand il est parvenu à avoir *un système d'indication exclusif*, applicable à lui seul, c'est-à-dire composé de figures et de dénominations expresses qui ne s'associent dans la pensée qu'au genre de sensations dont il émane et dont il est la manifestation perfectionnée.

Les notes furent d'abord larges et carrées ; bientôt, en se répandant de l'église dans le monde, elles se firent petites et rondes. La portée, primitivement composée de quatre lignes, fut augmentée d'une cinquième ; les clefs, d'abord restreintes à deux, se multiplièrent ; et, à l'aide de lignes mobiles additionnelles, supérieures et inférieures, on parvint à représenter à l'œil, par l'élévation des notes substituées aux points, l'élévation de résonnance de tous les sons de la musique moderne arrivés au nombre de trois cent vingt.

Il est à remarquer que le nombre des lignes, et conséquemment des interlignes, n'a pas eu à s'accroître dans la proportion des sons, parce qu'une partie de ces derniers sont produits par des altérations qui, n'en changeant pas le nom, n'en changent pas non plus la position, et qu'il suffit du signe altératif placé devant eux pour indiquer la nuance d'élévation ou d'abaissement accidentel qu'il faut leur donner.

De même aussi le nombre des noms, au lieu de s'accroître en raison du nombre des sons, a suivi la progression inverse, et en opposition cette fois avec les Grecs, qui, pour un faible nombre de sons, avaient mille six cent vingt signes, et autant de dénominations, les modernes, avec sept noms seulement, suffisent à désigner leurs trois cent vingt sons.

Cette simplification est due au système des altérations et surtout à la découverte des sons octaviques, dont la similitude, toujours la même à quelque octave qu'ils se trouvent, a permis de ne donner des noms qu'aux sept sons naturels ou fondamentaux, dont tous les autres, considérés comme des variétés ou comme des répétitions plus ou moins aiguës, ne sont que les homonymes. ♦

Il faut faire quelque exception cependant à l'égard des Allemands du Nord, les protestants surtout, qui ont persisté dans les dénominations des temps évangéliques, maintenues au seizième siècle par Luther dans sa liturgie. Encore ont-ils été obligés de les modifier pour les mettre d'accord avec la notation et la tonalité modernes, qu'ils furent les premiers à introduire dans le chant sacré; anomalie qui témoigne que l'esprit d'opposition au catholicisme s'était infiltré jusque dans la musique, sur laquelle il agit encore.

Ainsi, aux lettres latines C, D, E, F, G, A, B et H, qui correspondent aux notes *ut, ré, mi, fa, sol, la, si* ♭ et *si* ♮, nommés autrefois B mol et B dur, ils ont ajouté des terminaisons spéciales non-seulement pour indiquer, mais pour nommer en chantant les altérations que les peuples méridionaux chantent mais ne nomment pas. Par exemple, C (prononcez *tsé*) désigne exclusivement l'ut naturel; mais pour l'ut dièse, il prend la terminaison *is*, et se chante *cis* (*tsiss*). — Pour l'ut bémol, il prend celle de *es*, et se chante *ces* (*tsess*). Pour les doubles dièses et les doubles bémols, on redouble les désinences; ainsi, l'ut double dièse se chante en disant *tsiss-tsiss*, et l'ut double bémol, *tsess-tsess*; et ainsi de suite pour chaque note, excepté le si bémol, qu'il nomment toujours B, et le si naturel toujours H (hà aspiré). On sent ce que cette nomenclature apporte d'entraves à la prononciation des notes; aussi est-ce beaucoup plus par le piano que par le solfège que s'apprend la musique en Allemagne, ce qui explique l'abondance d'excellents pianistes que produit cette nation.

Serait-ce exagérer l'importance de cette observation que d'en étendre l'application aux œuvres, et de chercher dans ce mode d'études primaires la source du goût de cette nation pour la musique instrumentale, et la cause de sa supériorité dans ce genre de composition?

Quant à la nomenclature moderne, adoptée par les peuples du Midi qui relèvent de l'Église romaine, Italiens, Français, Espagnols, Provençaux et autres, que l'on peut appeler les peuples chanteurs, elle date du onzième siècle.

En ce temps-là vivait dans l'abbaye de Pomposa, près de Ferrare, un moine de l'ordre des bénédictins, nommé Guido d'Arezzo, ou Aretino, du nom du lieu de sa naissance. Adonné à l'étude passionnée de la musique dès l'âge de huit ans, il fit des progrès d'autant plus remarquables, qu'ils furent soutenus et que chez lui comme chez Mozart, l'enfant précoce ne fit aucun tort à l'homme de génie. Aussi se trouva-t-il bientôt aux prises avec tous les systèmes qui se disputaient le sceptre de l'empire des sons; tous d'autant plus mauvais coucheurs, que les uns, tombant en désuétude et les autres en avortement, ne vivant que de prétentions, étaient également inhabiles à répondre aux nécessités artistiques de l'époque. De là une belle et bonne anarchie, comme il s'en est vu quelquefois, et à laquelle il entreprit de mettre fin. Ce qu'il y a de plus merveilleux, c'est qu'il y réussit, et le monde musical put saluer en lui un régénérateur.

Il régularisa la tonalité, qu'il soumit aux lois de l'hexacorde; substitua les points aux lettres et bientôt les notes aux points; inventa la portée, les clefs. Seulement les points et les notes qu'il choisit pour mode

d'indication des sons, ne présentant aucune qualité abstraite et significative qui, par une analogie ou une identité quelconque, pût leur servir de noms, force lui fut d'en chercher d'arbitraires qui en tinssent lieu. Il s'en remit à la Providence divine pour le choix de ces noms, ce fut sans doute elle qui se plut à attirer son attention sur le chant et les paroles de l'hymne de saint Jean, alors fort en honneur, et commençant par les six versets suivants :

<table>
<tr><td>*Ut* queant laxis</td><td>PARAPHRASE LIBRE.</td></tr>
<tr><td>*Resonare fibris*,</td><td></td></tr>
<tr><td>*Mira gestorum*</td><td>Conserve pures de toute souillure</td></tr>
<tr><td>*Famuli tuorum*,</td><td>Les lèvres de tes serviteurs,</td></tr>
<tr><td>*Solve polluti*</td><td>Afin qu'ils chantent tes actions</td></tr>
<tr><td>*Labii reatum*,</td><td>En sons harmonieux,</td></tr>
<tr><td>Sancte Joannes !</td><td>O saint Jean !</td></tr>
</table>

L'analyse du chant de cette hymne lui fit reconnaître que les sons affectés à la première syllabe de chacun des six premiers versets formaient une progression diatonique régulière constituant un hexacorde parfait, il en fit une gamme modèle, et donna pour nom à chaque degré de cette gamme la syllabe à laquelle il s'appliquait dans l'hymne, en suivant dans les noms l'ordre correspondant à celui des tons dans le chant. Ainsi, *ut*, première syllabe du premier verset, devint le nom du premier son ou tonique de sa gamme; *ré*, la seconde et ainsi de suite. Voilà comment s'est établie l'identité que l'on peut appeler providentielle des noms modernes avec les sons et les notes.

Depuis, au nom d'ut, on a, sous prétexte d'euphonie, substitué la syllabe do; mais en vérité pour le peu d'avantages qui résultent de cette substitution, surtout dans un genre d'étude purement transitoire, était-ce bien la peine de porter atteinte à une si respectable tradition?

Quant à la sensible, qui manque à cette nomenclature, elle ne fut régularisée qu'un siècle après sous les noms de B mol et de B dur. L'ambiguïté de ce son l'a fait longtemps classer dans une catégorie à part, sous le titre de nuance, et l'a privé de nom parce que sa conformité de tendance à monter d'un demi-ton sur l'ut, comme le mi sur le fa, lui en faisait donner le nom d'emprunt quand le cas se présentait.

A une nouvelle tonalité et à un nouveau mode de classification, un mode correspondant d'enseignement devenait indispensable. Guido ou Guy compléta son œuvre par l'invention du solfège.

Jusqu'à lui la tradition, c'est-à-dire l'imitation et la routine étaient les seules méthodes employées dans l'enseignement; il leur substitua le raisonnement.

Détachant sa gamme de l'hymne de saint Jean, il la fit prendre à ses élèves pour mesure générale de gravité et pour règle de la tonalité; leur en fit calculer et reproduire successivement tous les degrés et tous les intervalles, et leur en fit faire l'application aux autres chants sacrés. Il se servait comme moyen d'un procédé ingénieux, qu'il appelait la *Main harmonique*. Ce procédé consistait à renverser la main entr'ouverte, de manière que les doigts se présentassent horizontalement à l'œil, comme les lignes sur le papier, et, sur cette portée artificielle, il indiquait par une baguette des notes supposées, dont l'élève était obligé de trouver et de chanter le son en en prononçant le nom; et cela sans aucun aide extérieur, sans le secours d'aucun instrument, mais par le calcul pur et simple des degrés et des intervalles.

Il inculquait ainsi la notion intime et raisonnée des sons, de leurs noms et de leurs signes, et faisait naître dans la pensée l'idée simultanée de leur triple identité, à tel point que l'on parvenait à les déduire indistinctement les uns des autres avec rapidité et sans hésitation.

De plus, indiquant indifféremment sur toutes les lignes la position des six degrés de chaque hexacorde, il formait en même temps au sentiment de leur tonalité, aux clefs et à la transposition.

Comme la première application de cette méthode se fit au ton d'ut, et que le sol, à titre de dominante de ce ton, y avait le rôle le plus important, Guy en fit la racine du mot destiné à exprimer le genre d'exercice qui constituait la partie pratique de son mode d'enseignement.

Ainsi de la syllabe sol il fit le verbe solfier, c'est-à-dire faire des *sols*, de laquelle se sont formés les substantifs solfége, solmisation; genre d'étude sans lequel il n'y a pas d'éducation vocale complète, parce que lui seul mène à la conscience des sons et de leurs signes, et par leur nomination implique la preuve que cette conscience est acquise.

Après quoi l'attention, délivrée des entraves de la tonalité, peut en toute liberté se reporter sur le perfectionnement de la sonorité et de l'exécution.

Son absence est irréparable, et il n'est pas de chanteur, quels que soient les avantages dont la nature l'ait doué, qui n'ait eu dans le cours de sa carrière à en déplorer la négligence.

On peut affirmer même qu'il n'entre pas pour peu dans la supériorité que les Italiens, qui l'ont pratiqué les premiers et qui le pratiquent constamment, ont acquise dans l'art du chant.

Premier degré des études, sans lui la vocalisation, qui en est le second, devient stérile, et en définitive, sans le concours de tous les deux, le chant pourra bien quelquefois être un don plus ou moins heureux du hasard, mais jamais un art.

Pour compléter cet exposé de l'œuvre de Guy d'Arezzo, il faut ajouter qu'il concourut à la formation du système naissant de l'harmonie, qu'il régla le code du contre-point, et écrivit d'excellents modèles dans tous les genres de composition du temps. De si grands services rendus à l'art ne pouvaient rester sans récompense; aussi toutes les joies du succès lui furent-elles dévolues, y compris la durée, chose rare!

Rien n'y manqua, pas même le baptême de la persécution et du dénigrement. De droit, il lui était acquis d'avance et ne se fit pas attendre; car bientôt tous les systèmes à l'agonie se redressèrent à l'envi contre le malencontreux qui se permettait de les achever, et lui suscitèrent une de ces formidables oppositions contre lesquelles un seul homme est insuffisant à résister. Un peu plus, et Guy d'Arezzo était perdu, avec lui le solfége et ceux qui en font.

Heureusement que dans les bons temps de cette belle Italie, si chaque art, chaque époque et chaque ville ont eu leurs génies, chaque génie a rencontré un pape providentiel qui l'a béni et sauvé. Noble mission qu'en d'autres pays les souverains se sont réservée!

Cette chance ne pouvait faire défaut à Guy d'Arezzo. Le bruit de l'émotion soulevée à Pomposa autour de lui parvint jusqu'au pape Jean XVIII et Jean XIX, qui le manda à Rome, et se fit expliquer par lui son système de tonalité et sa méthode. Grand musicien qu'il était lui-même, le saint pontife eut bientôt saisi la portée de l'un et de l'autre, et ordonna qu'ils fussent adoptés par toutes les maîtrises des États pontificaux, d'où ils se répandirent dans les autres pays de la chrétienté. Après huit siècles, la tradition s'en maintient toujours et paraît devoir s'en maintenir encore longtemps, d'autant plus que, comme toutes les traditions qui sont dans le vrai, loin de s'opposer au progrès, elle s'y associe et, bonne mère, le couvre de son appui vénérable en l'empêchant de rompre avec le passé.

Sa mission accomplie, le pieux et docte artiste s'en retourna modestement à son couvent, où, après quelques années d'une vie solitaire, employées à d'utiles et glorieux travaux, il s'éteignit saintement dans l'amour de Dieu et de la musique.

Qu'il soit permis, en dépit des huit siècles écoulés depuis ce temps-là, de mettre sous son patronage le moins digne et le dernier venu des ouvrages du genre dont il est le fondateur, et, comme un juste tribut bien dû à sa mémoire, d'ouvrir la série des leçons qui suivent par l'hymne de saint Jean et la gamme qui en dérive, origine du solfége.

Comme enseignement, ce rapprochement, mieux que toutes les explications possibles, mettra à même d'apprécier les causes qui ont donné naissance à une étude qui a eu tant d'influence sur l'art du chant, et d'en suivre la marche depuis son point de départ jusqu'à nos jours.

Paris, janvier 1856.

A. H. CHELARD.

HYMNE DE SAINT JEAN.

MODE GREC HYPO-ÉOLIEN; TON DE L'ÉGLISE, SIXIÈME.

NOTATION DE GUIDO D'AREZZO, ONZIÈME SIÈCLE.

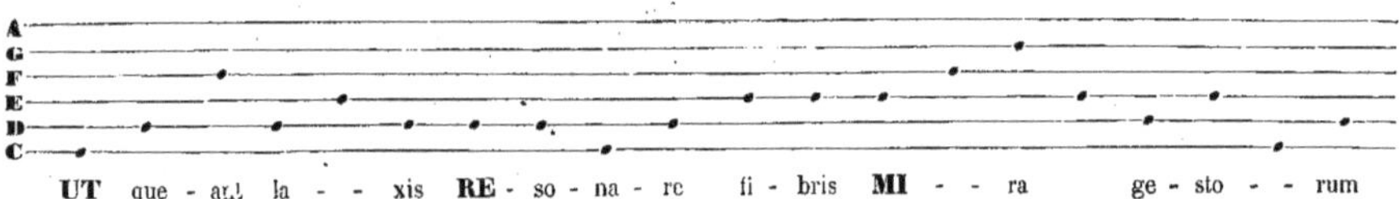

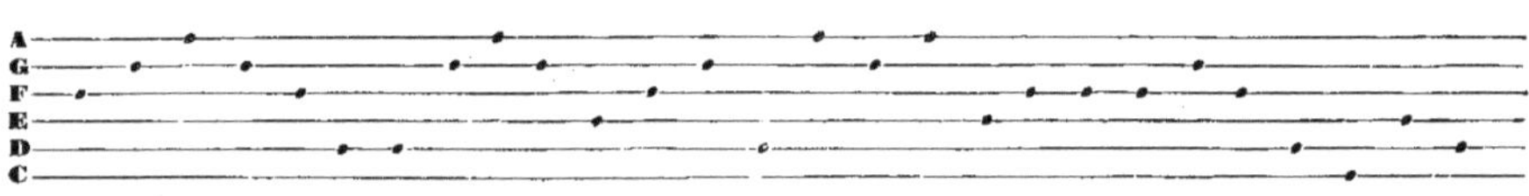

GAMME DE L'HEXACORDE DÉRIVANT DE CET HYMNE,

APPELÉE *GAMME DE GUIDO D'AREZZO.*

LES LETTRES ANCIENNES PRISES POUR CLEF; RIEN DANS LES INTERLIGNES.

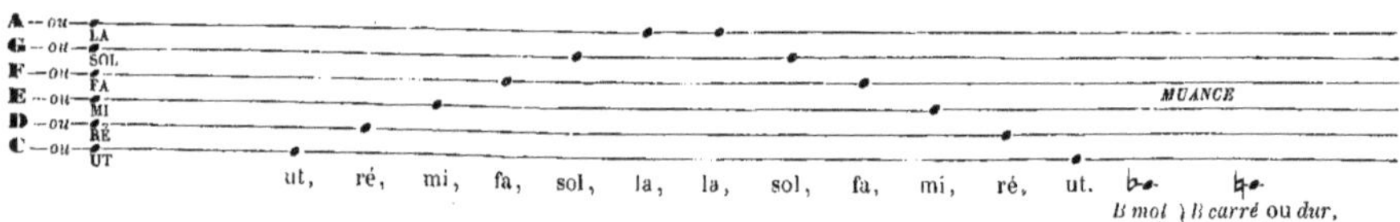

MÊME HYMNE,

NOTATION DE JEAN DE MURIS, QUATORZIÈME SIÈCLE.

(Substitution de la clef d'ut quatrième ligne aux lettres, et emploi des interlignes. Premières modifications de valeur.)

GAMME DE L'OCTACORDE, DU MÊME TEMPS.

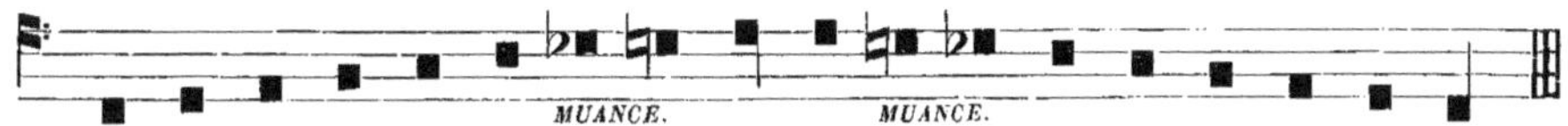

GAMME DE GUIDO D'AREZZO,

HARMONISÉE A LA PALESTRINA,

NOTATION DU SEIZIÈME AU DIX-SEPTIÈME SIÈCLE.

TEMPO DIT *A CAPELLA.* (Battez et levez deux fois dans la mesure.)

Paris. — Typographie de Henri Plon, imprimeur de l'Empereur, rue Garancière, 8.

GAMME D'UT MAJEUR.

ÉTUDE.

N.º 1.
And.te cantabile.
SOPRANO.
TENORE.
BASSE.
PIANO
p
p
p
sf
p
p
p
p
p
Cresc
f
sf
pp
p
Cresc
f
pp
p
Cresc
f
pp
Cresc
f
pp

Cresc - sf dimin p
Cresc - sf dimin p
Cresc - sf dimin p
Cres - sf dimin p
Staccato.
pp
pp Sostenuto.
Sostenuto.
Staccato.
p
p
p

Cresc.
Cresc.
Cresc.
Cresc.
pp
pp
pp
pp
p
Cresc.
Sforzando.
Cresc.
Sforzando.
Cresc.
Sforzando.
sf
p
Cresc.
Sforzando.
Staccato.
f
f Staccato.
f
f Staccato.
5
4156. H.

Sempre. f
Sempre. f
Sempre. f
Sempre. f
p
p
p
p
Cresc.
Cresc.
Legato.
Cresc.
ff
ff
ff
ff
Cresc.
Legato.
4156. H.

GAMME DE LA MINEUR.
7
Adagio.
SOPRANO.
p
TENOR.
p
BASSE.
Adagio.
PIANO
p
MOTET.
N.º 2.
Moderato.
SOPRANO.
pp
TENOR.
pp
Legato.
BASSE.
pp
Moderato.
PIANO
pp
Legato.
p
p
p
p

8
Cresc.
f
Cresc.
f
Cresc.
f
Cresc.
f
p
p
p
f
f
p
p
f
p
4136. H.

Cresc - en - do - f
p
Cresc - en - do - f
p
Cresc - en - do - f
p
p
Cresc. f
p
Cresc.
p
Cresc. f
p
Cresc. f
p
Cresc. f
ff
ff
ff
ff

GAMME DE SOL MAJEUR.

CAPRICCIO.

p
pp
p
pp
pp
pp
p
pp
Sempre Cresc.
Cresc.
Cresc.
Cresc.
Sempre Cresc.
f
Sempre Cresc.
f
Cresc.
Sempre Cresc.
f

EXERCICE.

p
Cresc.
f
p
Cresc.
f
p
Cresc.
f
p
f

11.
Espressivo.
4156. H.

p
Cresc.
p
Cresc.
p
Cresc.
Cresc.

ÉTUDE CHROMATIQUE.

Diminuendo.
Diminuendo.
Diminuendo.
Diminuendo.
Ritard e morendo.
Ritard e morendo.
Ritard e morendo.
Ritard e morendo.

CHANT RELIGIEUX.

Tutti.
pp
Tutti.
pp
Tutti.
pp
Cresc. f
Cresc. f
Cresc. f
Cresc. f
sf
sf
sf
sf
Piu mosso.
f
f
f
Piu mosso.
f

Poco a poco. Cresc. sino al ff
Poco a poco. Cresc. sino al ff
Poco a poco. Cresc. sino al ff
Poco a poco. Cresc.

ÉTUDE DE LA SYNCOPE ET DU POINT.

pp
pp
pp
pp
pp
pp
pp
pp
Cresc:
f
pp
p
Cresc:
f
pp
p
Cresc:
f
pp
p
Cresc.
Cresc.
Cresc.
f
p
f
p
Cresc.
f
p

a Tempo.
pp poco rit:
p f pp poco rit:
f pp poco rit:
f pp poco rit:
a Tempo.
pp
pp
pp
pp

GAMME DE FA MAJEUR.

Cresc.
sf
f
p
sf
f
p
sf
f
p
Cresc.
Cresc.
Cresc.
Cresc.
f Rall.
f Rall.
f Rall.
f Rall.
p
p
p
p
Cresc
Cresc
sf
f
p

Allo Guisto e deciso.
Staccato.
Staccato.
Staccato.
p
p Staccato.
f
f e Staccato
p
Cresc.
Cresc.
Cresc.
p
f
sf
p

Cresc.
p
Cresc.
p
Cresc.
p
Cresc.
p
Cresc.
f
p
Cresc.
p
Cresc.
f
f
f
ff
ff
ff
ff
p
Cresc.
f
p
Cresc.
f
Cresc.
p
Cresc.
f
Cresc.
f

Staccato.
Staccato.
p
p
Staccato.
p
Staccato.
Cresc.   f   Morendo.   PP
Cresc.   f   Morendo.   PP
Cresc.   f   Morendo.   PP
f   Morendo.   PP
Tempo 1°.
p
p
p
p

Cresc.
sf
p
a Tempo.
Ritard.
Poco animato e Cresc.
A piacere.
Morendo.
Colla voce.
(ou)
4136: II.

GAMME DE RÉ MINEUR.

sf
sf
Cresc.
Cresc.
Cresc.
sf
sf
sf
sf

Cresc.
Cresc.
Cresc.
Cresc.
Cresc.
Cresc.
Cresc.
Cresc.
f
f
f
p
p
p
p
p
p
p
p
p
sf
sf
sf
sf

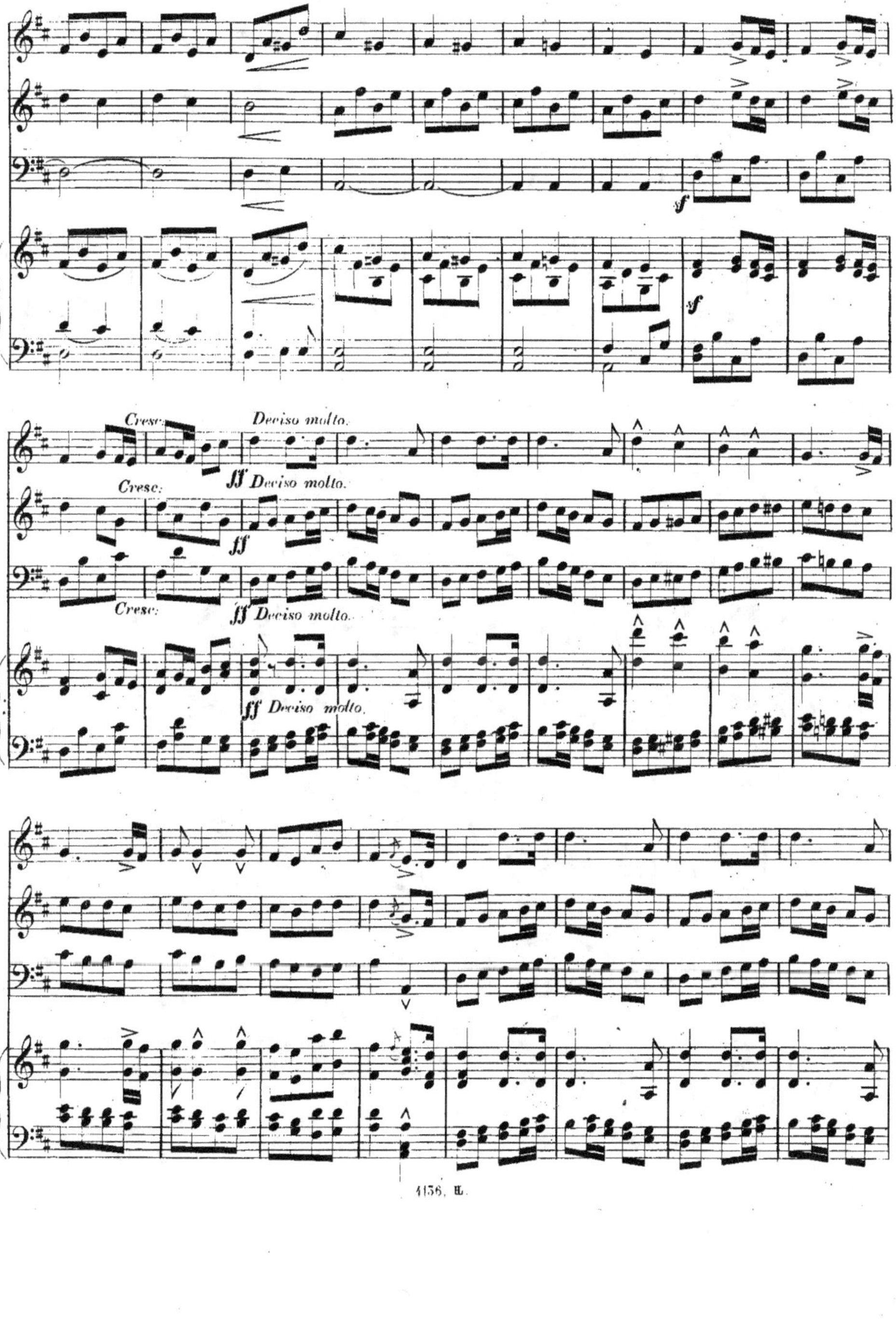
Cresc:
Deciso molto.
ff Deciso molto.
Cresc:
ff
Cresc:
ff Deciso molto.
ff Deciso molto.

EXERCICE.
SOPRANO.
TENOR.
BASSE.
PIANO.
Largo.
ff
pp
ff
pp

Poco ritard.
a Tempo
Poco ritard.
Poco ritard.
a Tempo
4136. H.

CANTABILE.

N.º 9.
SOPRANO.
TENOR.
BASSE.
PIANO.
Largo cantabile non troppo lento.
Cresc.
Cresc.
Cresc.

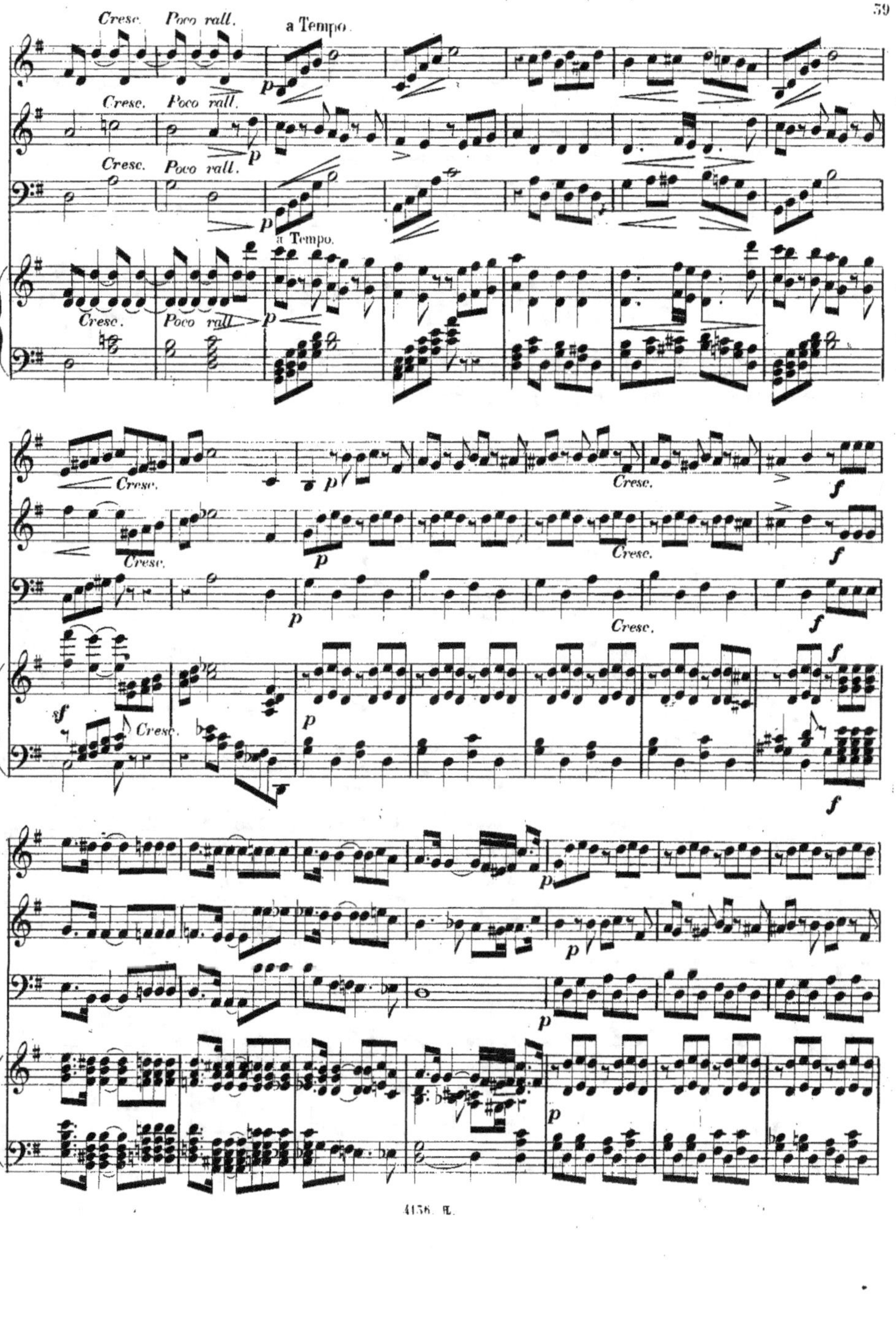
Cresc.
Poco rall.
a Tempo.
p
Cresc.
Poco rall.
p
Cresc.
Poco rall.
p
a Tempo.
Cresc.
Poco rall.
p
Cresc.
p
Cresc.
f
Cresc.
p
Cresc.
f
p
Cresc.
f
sf
Cresc.
p
f
f
p
p
p
p

40
4136. Fl.

GAMME DE MI MINEUR.

TARENTELLE.

f
f
f

p
Cresc.
Sempre cresc.
f
Cresc.
Sempre cresc.
f
Cresc.
Sempre cresc.
f
Cresc.
Sempre cresc.
f

44
p
Deciso e staccato.
f
Deciso e staccato.
f

Cresc.
Sempre piu cresc.
f
Cresc.
Sempre piu cresc.
f
Cresc.
Sempre piu cresc.
f
Cresc.
Sempre piu cresc.
f
p
p
p
p

Cresc.
f
p
Cresc.
f
p
Cresc.
f
p
Cresc.
f
p
Cresc.
Cresc.
Cresc.
Cresc.

a Tempo.
Rallent e morendo.
p
Rallent e morendo.
p
Rallent e morendo.
p
Rallent e morendo.
p
Cresc.
Sempre più cresc.
Sempre più cresc.
Cresc.
Cresc.
Sempre più cresc.
Cresc.
Sempre più cresc.
f
f
f
f

50
Sempre più mosso e più forte.
Sempre più mosso e più forte.
4136. H.

GAMME DE SI ♭ MAJEUR.

INTRODUCTION ET CANON.

Staccato.
p
Staccato.
p
P Staccato.
Staccato.
p
Cresc. f p Cresc. f Rall e marcato.
Cresc. f p Cresc. f Rall e marcato.
Cresc. f p Cresc. f Rall e marcato.
Cresc. f p Cresc. f Rall e marcato. sf
p Cresc.
p Cresc.
p Cresc.
p
Cresc.

Poco animato.
Poco animato.
Poco animato.
Cresc.
Cresc.
Cresc.
Cresc.

54
Cresc.
Cresc.
Cresc.
Cresc.
Cresc.
Cresc.
Cresc.
Cresc.
Cresc.
4136. H.

Cresc.
sf
f
Cresc.
sf
f
p
Cresc.
sf
f
p
Cresc.
sf
f
p
Cresc.
sf
Cresc.
sf
sf
sf
Cresc.
sf
sf
sf
sf
sf
sf Cresc.
sf
sf
Cresc.
f e poco rit.
p
Cresc.
f e poco rit.
p
f
p
f
p
Cresc.
f e poco rit.
p
f
p
Cresc
f e poco rit.
p
f
p

GAMME DE SOL MINEUR.

BOLÉRO.

N.° 12.
SOPRANO.
TENOR.
BASSE.
PIANO.
Tempo di Bolero.
Staccato.
Staccato
Staccato.
p
p
p
sf
sf
sf
sf
sf
4136. H.

4136. H.

Cresc.
Cresc.
Cresc.
Cresc.
f
ff

GAMME DE RÉ MAJEUR.

CAVATINE.

Poco Ritardando.
Poco Rit.
Poco Rit.
Piu lento e dolce.
Piu lento e dolce.
Piu lento e dolce.
Piu lento. e dolce.
Adagio Cantabile.
pp
pp Leggiero.
pp
pp Leggiero.
sf
sf
sf
sf
sf

Leggiero staccato.
p
Cantabile.
p
Leggiero staccato.
p
p
Morendo.
Morendo.
Morendo.
Morendo.

64
Allegro.
ff
ff
ff
ff
Poco piu lento.
Poco piu lento.
Poco piu lento.
sf
sf
sf
f
Poco rallentando e dolce assai.
Poco rallentando e dolce assai.
Poco rallentando e dolce assai.
Allegro Guisto ma deciso.
Vibrato.
sf
p
p
mf
mf
p
p
mf
mf
p

Ritard. a Tempo. molto risoluto.
sf Ritard.
sf Ritard.
sf Ritard. a Tempo.
f
Cresc. f ff p
Cresc. f ff p
Cresc. f ff sf
Cresc. f ff

Cresc.
Cresc.
sf
f
Cresc.
sf
Cresc.
f
Cresc.
f
Comodo e marcato. 1º Tempo.
Comodo e marcato. f
Comodo e marcato.
f
sf Comodo e marcato. f
Rit
poco più mosso.
Rit
p
Rit:
p
Rit:
p
Rit:
sf

Cresc.
Cresc.
Cresc.
Cresc.
f
f
f
f
ff
a Tempo.
Rit.
Risoluto.
Rit.
Risoluto e f
Rit.
Rit.
ff
a Tempo.
f
a Tempo.
Ritard.
Ritard.
Ritard.
Ritard.

Ritard.
sf
f
a Tempo.
Cresc.
p
f
p
4136. R.

Brillante.
Brillante.
Brillante.
f
Animato e ff
Animato e ff
Animato e ff
Animato e ff
4136. H.

GAMME DE SI MINEUR.

MARCHE HONGROISE.

Deciso e staccato.
Deciso e staccato.
Deciso e staccato.
Deciso e staccato.
p
Cresc.
f
p
Cresc.
f
p
Cresc.
f
Cresc.
f
sf
sf
sf
4136 H.

Cresc.
Cresc.
Cresc.
Cresc.
Dolce.
Dolce.
Dolce.
Cresc. f p Cresc. f p Cresc. f p
Cresc. f p Cresc. f p Cresc. f p
Cresc. f p Cresc. f p Cresc. f p
Cresc. f p Cresc. f p Cresc. f p

Cresc. p p Dolce.
Cresc. f p
Cresc. f p
Cresc. p < p
ff
ff
ff
p Cresc. f
p Cresc. f
p Cresc. f
p Cresc. f

sf
sf
f
ff
ff
ff
ff
3
p sf
Dolce.
Cresc.
Cresc.
Cresc.
p
p
p

Cresc.
Cresc.
Cresc.
Cresc.
Cresc.
Cresc.
Poco piu mosso.
Sempre piu f
Sempre piu f
4136. H.
75

Deciso.
Staccato.
Staccato.
Sostenuto.
Staccato.
Sostenuto.
Più mosso
Deciso.

ÉTUDE A 5 TEMPS.

Cresc.
Cresc.
f
p
p
Cresc.
sf
p
Cantabile.
Cresc.
sf
p
p
Cresc.
f
p
f
f
f
f

Cresc.
Cresc.
Cresc.
Cresc.
Cresc
Cresc
Cresc
4136. II.

Rinf.
Poco a poco animato
Rinf.
Poco a poco animato
Rinf.
f
p
Poco a poco animato
f
p
Poco a poco animato
e cresc.
e cresc.
ff
f
e cresc.
f
ff
f
ff
ff
Cresc.
Cresc.
sf
p
Cresc.
sf
p
sf
p
Cresc.
sf
p
sf
p

Cresc.
Sempre più cresc.
Cresc. f p
Cresc.
Sempre più cresc.
Cresc. f p
Sempre più cresc.
Cresc. f
Cresc.
Sempre più cresc.
Cresc. f
sf
f
f
sf
sf
p
f ff
sf
p f
sf
4136. H.

Cresc.
Vibrato.
p
Cresc.
f
ff
Vibrato.
Vibrato.
p
Cresc.
f
ff
Vibrato.
p
f
ff
Vibrato.
Cresc.
ff